Onde Observar Aves na Andaluzia

Província de Huelva

Gonçalo Elias

Onde Observar Aves na Andaluzia

Província de Huelva

Título:	Onde Observar Aves na Andaluzia Província de Huelva
Autor:	Gonçalo Elias
Fotografia da capa:	Gaivina-dos-pauis *Chlidonias hybrida* (Pedro Marques)
Ilustrações digitais:	C. Maria Elias
Produção:	C. Maria Elias
Impressão:	Kindle Direct Publishing
Distribuição:	Amazon.com

1ª edição, Dezembro 2020

ISBN: 979-8577661045

Print On Demand

Contacto: goncalo.elias@gmail.com

ÍNDICE

Huelva

Situada no extremo oeste da Andaluzia, a província de Huelva cobre a área situada entre Sevilha e a fronteira portuguesa (ver mapa abaixo).

Esta província faz fronteira a norte com a região da Estremadura (província de Badajoz), a oeste com Portugal, a leste com a província de Sevilha e a sul com o oceano Atlântico.

Mapa de Espanha mostrando a localização da província de Huelva (cinzento escuro), a cidade de Huelva e outras cidades importantes.

A província cobre uma área de 10.128 km². Tem uma população de cerca de 520.000 habitantes (em 2014), 30% dos quais residem na capital provincial.

A região compreende 81 municípios, agrupados em seis comarcas (ver mapa seguinte).

Mapa das seis comarcas da província de Huelva

A **Costa Occidental** é uma área de planície. As praias cobrem todo o litoral e por isso esta região atrai muitos turistas, sobretudo no Verão. A agricultura também é importante; há muitas estufas, a maioria das quais é usada para cultivar bagas. Existem várias zonas húmidas, principalmente pequenos estuários, assim como pinhais.

A **Comarca Metropolitana de Huelva** compreende a capital Huelva e várias cidades vizinhas, incluindo Gibraleón, Moguer, Palos de la Frontera e Punta Umbria. É densamente povoada e possui várias zonas industriais, especialmente a sul de Huelva. As Marismas de Odiel, que formam uma das zonas húmidas mais extensas da província, situam-se no centro desta comarca.

El Condado é uma grande comarca. Trata-se de uma área plana, principalmente terreno agrícola, mas também há bosques de pinheiros.

7

Uma grande parte do Parque Nacional de Doñana, a zona húmida mais importante da Andaluzia, encontra-se dentro do Condado.

El Andévalo fica no interior, ao longo da fronteira com Portugal. A paisagem aqui é um pouco acidentada, já que esta é uma zona de transição entre a planície costeira e as serras situadas mais a norte. A agricultura é intensiva, especialmente na metade sul, e podem ser vistos grandes pomares de citrinos ao longo de algumas das estradas principais. As zonas florestais são dominadas por azinheiras e eucaliptos, mas muitas encostas encontram-se sobretudo cobertas por matagais. Existem também algumas minas, a maioria das quais está abandonada.

Cuenca Minera é uma região mineira. A sua paisagem é um pouco semelhante à do Andévalo, mas com muito menos agricultura. Compreende uma importante mina em Minas de Riotinto. O rio Tinto corre para sul, em direcção a Huelva. As suas águas são extremamente ácidas e possuem uma cor vermelha intensa.

A **Sierra de Huelva** é a maior comarca. É uma região montanhosa, que atinge os 1050 metros de altitude. Existem muitas áreas florestais, incluindo bosques de sobreiro, azinheira e carvalho-negral, bem como matas ribeirinhas. A densidade populacional é bastante baixa. Aracena é a cidade mais importante desta comarca; a maioria das outras cidades da região é bastante pequena.

Observar aves na província de Huelva

Esta província alberga uma das zonas húmidas mais importantes de Espanha: o Parque Nacional de Doñana. Trata-se de uma vasta zona húmida, que se estende para leste até à vizinha província de Sevilha e alberga enormes populações de aves aquáticas, incluindo patos, gansos, limícolas, gaivinas, garças e flamingos. Há também muitas aves de rapina e passeriformes. Não é, pois, por acaso que este local atrai inúmeros observadores vindos do estrangeiro, desejosos de desfrutar das maravilhas da avifauna do sul da Europa.

Embora Donãna seja o local mais conhecido, esta província tem muitos outros locais de interesse. Nas Marismas de Odiel, que formam um grande estuário mesmo em frente a Huelva, há uma das maiores colónias de flamingos de Espanha, assim como uma grande variedade de aves aquáticas, especialmente limícolas e gaivotas. Ao longo da costa existem diversos outros estuários e lagoas, que atraem frequentemente espécies muito interessantes, como o zarro-castanho, a gaivota-de-audouin, a gaivota-de-bico-fino e o garajau-grande, muitas vezes permitindo observação a pequena distância.

Longe da costa, também há alguns pontos interessantes. A Campiña de Huelva é uma faixa de campo aberto, que é um excelente lugar para procurar aves de rapina, incluindo tartaranhão-caçador na Primavera e milhafre-real no Inverno. Existem também algumas aves estepárias de pequeno porte, como a calhandra-real. Com sorte, poderá até encontrar a rara felosa-pálida, que atinge aqui o seu limite oeste.

Mais para norte, junto a Tharsis e Puebla de Guzmán, existem algumas minas antigas, onde se encontra o esquivo bufo-real, bem como o melro-azul e o raro andorinhão-cafre. Nesta região também se podem ver grandes aves planadoras, incluindo cegonha-preta e abutres.

Por fim, no terço norte da província, encontra-se a Serra de Aracena. Esta área abriga uma grande população de abutres-pretos e também muitos passeriformes interessantes, como a escrevedeira-de-garganta-preta, a cia, a felosa-ibérica e o pardal-francês.

Neste livro, que cobre a parte mais ocidental da Andaluzia, apresentamos uma selecção de locais na província de Huelva, com o objectivo de ajudar qualquer pessoa que goste de ver aves selvagens a obter as melhores oportunidades de observação.

Os locais foram seleccionados levando em consideração a diversidade de aves e a facilidade de acesso. Para cada local é dada uma breve descrição, bem como uma lista das aves mais interessantes que lá podem ser encontradas e algumas sugestões sobre como pode ser explorado. São indicadas as coordenadas GPS para vários pontos de referência. Algumas espécies comuns na região, como a andorinha-dos-beirais, o pintassilgo ou o melro-preto, não são aqui mencionados.

A selecção compreende dezassete locais de observação. A sua distribuição por comarcas é a seguinte:

- Costa Occidental
    - Sapal e praia de Isla Canela
    - Salinas de Isla Cristina
    - Lagoa de El Prado
    - Pinhal de Cartaya
    - Estuário do Rio Piedras
- Comarca Metropolitana de Huelva
    - Lagoa de El Portil
    - Marismas de Odiel
    - Esteiro de Domingo Rubio
    - Lagoa de Palos
- El Condado
    - Doñana - El Rocío
    - Doñana - La Rocina
    - Doñana - Palacio del Acebrón
    - Doñana - El Acebuche
    - Campiña de Huelva
- El Andévalo
    - Puebla de Guzmán
    - Tharsis
- Sierra de Huelva
    - Sierra de Aracena e Picos de Aroche

Não foram seleccionados locais na comarca Cuenca Minera.

O mapa na página seguinte mostra a localização dos vários pontos.

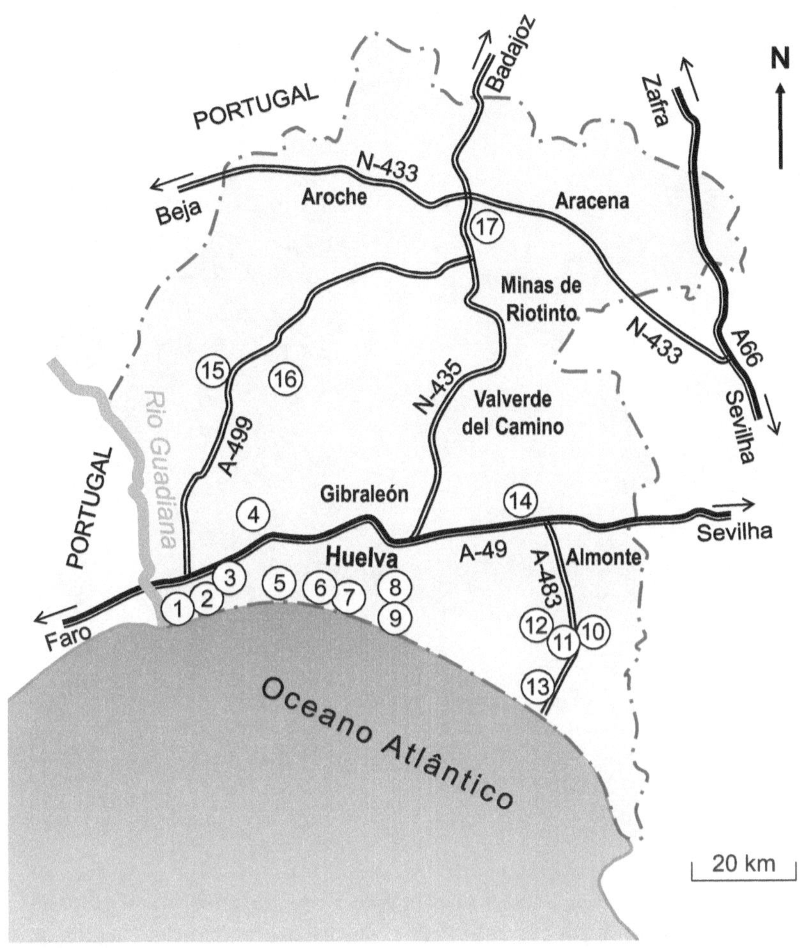

1. Sapal e praia de Isla Canela
2. Salinas de Isla Cristina
3. Lagoa de El Prado
4. Pinhal de Cartaya
5. Estuário do Rio Piedras
6. Lagoa de El Portil
7. Marismas de Odiel
8. Esteiro de Domingo Rubio
9. Lagoa de Palos
10. Doñana – El Rocío
11. Doñana – La Rocina
12. Doñana – Palacio del Acebrón
13. Doñana – El Acebuche
14. Campiña de Huelva
15. Puebla de Guzmán
16. Tharsis
17. Sierra de Aracena e Picos de Aroche

Mapa dos locais de observação na província de Huelva

Sapal e praia de Isla Canela

Sapal, salinas abandonadas e praia.

Aves

Residentes: pato-branco, frisada, garça-boieira, garça-branca-pequena, tartaranhão-dos-pauis, borrelho-de-coleira-interrompida, gaivota-argêntea, poupa, cotovia-de-poupa, fuinha-dos-juncos, trigueirão

Verão: tartaranhão-caçador, gaivina-pequena, andorinhão-pálido, andorinha-dáurica, alvéola-amarela

Inverno: ganso-patola, colhereiro, flamingo, águia-pesqueira, ostraceiro, tarambola-cinzenta, borrelho-grande-de-coleira, seixoeira, pilrito-das-praias, pilrito-comum, fuselo, maçarico-galego, maçarico-real, perna-verde, maçarico-das-rochas, rola-do-mar, moleiro-grande, gaivota-de-cabeça-preta, gaivota-de-bico-fino, gaivota-de-audouin, garajau-grande, guarda-rios, petinha-dos-prados, toutinegra-do-mato

Como visitar

Isla Canela fica cerca de 4 km a sueste de Ayamonte, perto da fronteira com Portugal, e o acesso é feito por esta cidade. Existem duas áreas principais de interesse: o sapal e a praia. Para visitar o sapal, siga as indicações para Punta del Moral. Pouco antes de chegar a este local, há uma entrada à esquerda sinalizada 'Sendero Salinas del Duque'. Esta entrada leva a um portão (37.1908, -7.3462)

As visitas são feitas apenas a pé. Um trilho sinalizado, com cerca de 5 km, contorna o sapal. Existem também algumas salinas antigas. O trilho segue por um dique, que separa o sapal da margem do rio Carreras. Ao longo deste percurso é possível avistar muitas limícolas, assim como outras aves aquáticas. Na maré alta, a maioria das aves tende a descansar nas salinas, enquanto na maré baixa se vão alimentar nos lodos estuarinos. Durante a época dos ninhos, o número de aves é menor, mas a gaivina-pequena e o andorinhão-pálido são regulares.

A praia também merece uma visita. É muito longa (6 km) e pode ser explorada em qualquer direcção. Uma boa opção é caminhar para oeste até chegar à foz do rio Guadiana. Durante a maré baixa, há muitas vezes bancos de areia, que atraem grandes bandos de gaivotas (incluindo de-audouin e de-bico-fino) e gaivinas, assim como seixoeira, ostraceiros e outras limícolas. Um olhar sobre o mar pode produzir algumas aves marinhas, especialmente quando o tempo estiver mau.

Salinas de Isla Cristina

Complexo salineiro, rodeado por sapal.

Aves

Residentes: pato-branco, garça-branca-pequena, pernilongo, alfaiate, borrelho-de-coleira-interrompida, gaivota-argêntea, cotovia-de-poupa

Verão: gaivina-pequena, andorinhão-pálido

Inverno: colhereiro, flamingo, águia-pesqueira, borrelho-grande-de-coleira, pilrito-pequeno, pilrito-das-praias, pilrito-comum, pilrito-de-bico-comprido, maçarico-de-bico-direito, rola-do-mar, gaivota-de-bico-fino, gaivota-de-cabeça-preta, gaivota-de-audouin, garajau-grande, petinha-ribeirinha, pisco-de-peito-azul, pardal-espanhol

Como visitar

Deixe a auto-estrada A-49 na saída 122 e siga as indicações para Isla Cristina. Depois de passar Pozo del Camino, a cidade de Isla Cristina é visível à frente. Os tanques mais acessíveis (Salinas de Vistahermosa) estão localizados ao norte de Isla Cristina. O acesso é feito por uma estrada de terra à direita antes de entrar nesta cidade (37.2081, -7.3264).

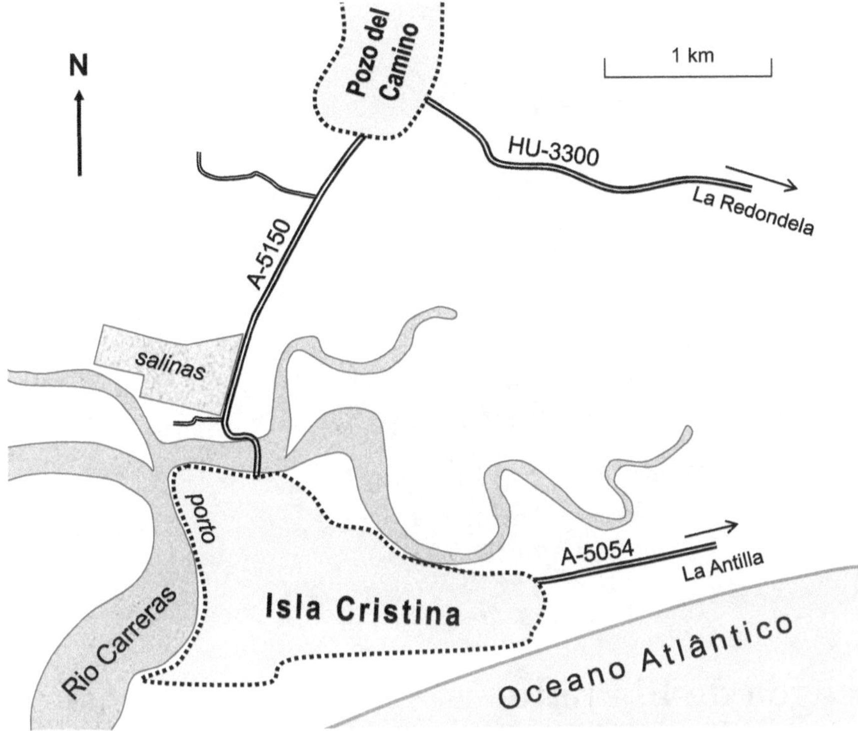

Há um portão que impede o acesso de veículos às salinas, mas parece não haver restrições para peões. Assim, é possível entrar a pé e percorrer os trilhos principais que separam os vários tanques.

Como é habitual em salinas, este local é melhor durante a maré alta, quando muitas aves aquáticas o utilizam como refúgio. No Outono e no Inverno, muitas vezes há grandes bandos de gaivotas (incluindo de-audouin e de-bico-fino), bem como um bom número de garajaus-grandes. As limícolas são numerosas e às vezes formam bandos mistos densos – vale a pena examiná-los cuidadosamente, a fim de encontrar espécies menos comuns. Flamingos e colhereiros também são habituais.

Na Primavera e no Verão, a variedade de aves é menor, mas além das aves nidificantes, mencionadas na lista acima, este local também atrai muitos limícolas em passagem, principalmente em Abril e Setembro.

Existem outros complexos de salinas mais a norte, ao longo da estrada para Pozo del Camino, porém muitos deles encontram-se vedados.

Pode ser uma boa ideia olhar para o estuário do rio Carreras, que fica logo ao sul das salinas, onde muitas aves se alimentam durante a maré baixa. O porto de pesca de Isla Cristina também merece uma paragem, pois costuma atrair muitas gaivotas.

Lagoa de El Prado

Lagoa de água doce com grandes manchas de vegetação emergente.

Aves

Residentes: pato-branco, frisada, zarro-comum, pato-de-bico-vermelho, mergulhão-pequeno, garça-boieira, cegonha-branca, tartaranhão-dos-pauis, peneireiro-vulgar, galeirão, caimão, pernilongo, alfaiate, poupa, pica-pau-verde, cotovia-de-poupa, rouxinol-bravo, picanço-real, pega-azul, corvo, estorninho-preto, bico-de-lacre

Verão: milhafre-preto, perdiz-do-mar, borrelho-pequeno-de-coleira, abelharuco, andorinha-das-barreiras, andorinha-dáurica, felosa-unicolor, rouxinol-pequeno-dos-caniços, rouxinol-grande-dos-caniços

Inverno: marrequinha, pato-trombeteiro, íbis-preta, colhereiro, flamingo, bútio-comum, águia-calçada, abibe, tarambola-dourada, combatente, narceja, petinha-ribeirinha, chapim-de-faces-pretas

Como visitar

Este local fica muito perto da aldeia de La Redondela. Para chegar aqui, saia da A-49 na saída nº. 122 seguindo as indicações para Isla Cristina.

Em Pozo del Camino, siga pela estrada HU-3300 para La Redondela, que fica a 4 km. Nesta aldeia, prossiga para o lado norte e procure uma oficina de automóveis chamada 'Reducto Motor' (37.2235, -7.2711).

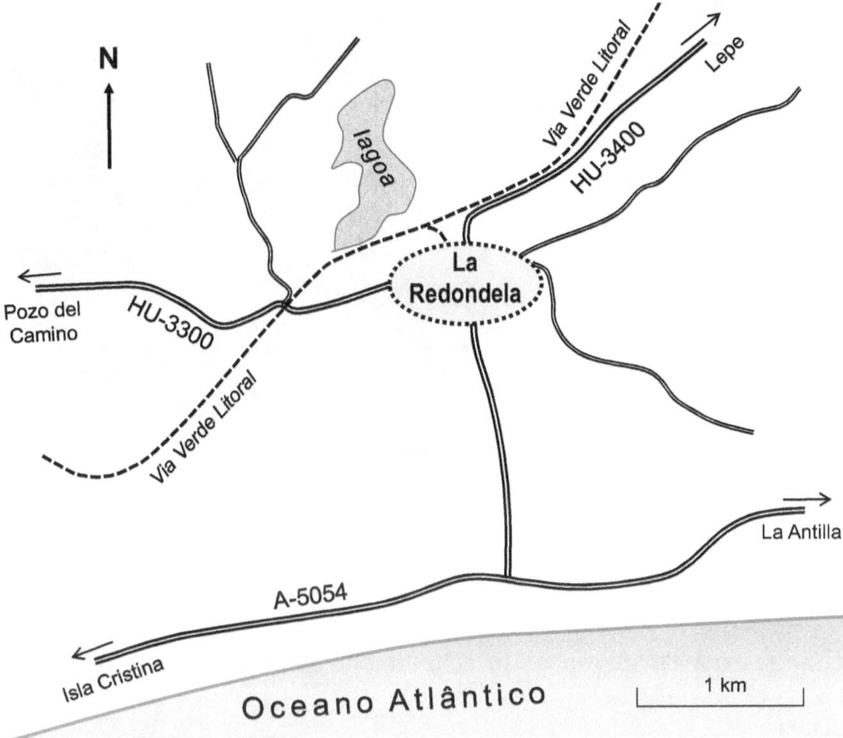

A lagoa deve ser visitada a pé, mas o percurso é plano, por isso não oferece dificuldade. A partir da oficina, há um caminho para norte, que segue por entre canas e pomares. Cerca de 100 metros à frente, um pequeno *court* de ténis aparece à esquerda e logo a seguir chega-se ao caminho principal. Este caminho, que segue a antiga linha ferroviária, faz parte da 'Via Verde Litoral', percurso pedestre que liga Huelva a Ayamonte. Siga para a esquerda e continue até aparecer um edifício vermelho do lado esquerdo – esta é a antiga estação ferroviária. Neste ponto, a lagoa começa a ser visível do lado direito do caminho.

Os caniçais são extensos e, embora não haja acesso à água, é possível observar muitas aves a partir do caminho. Do lado direito, existem duas pequenas plataformas de madeira com vista para a lagoa, que são locais ideais para parar e prospectar. Neste local é habitual ver caimão, limícolas, flamingos, garças e tartaranhão-dos-pauis.

O nível da água varia bastante ao longo do ano. No final do Verão, o local pode secar e nesse caso a maioria das aves aquáticas está ausente.

Pinhal de Cartaya

Grande extensão de pinhal, principalmente de pinheiro-manso.

Aves

Residentes: pombo-torcaz, poupa, pica-pau-verde, pica-pau-malhado-grande, cotovia-arbórea, cartaxo, tordoveia, toutinegra-do-mato, chapim-rabilongo, chapim-de-poupa, trepadeira-comum, trepadeira-azul, gaio, pega-azul, corvo, estorninho-preto, pardal-montês, tentilhão, chamariz, escrevedeira-de-garganta-preta, trigueirão

Verão: águia-calçada, cuco-canoro, andorinhão-pálido, andorinha-dáurica, rouxinol-comum, chasco-ruivo, felosa-ibérica, picanço-barreteiro

Inverno: pisco-de-peito-ruivo, felosa-comum

Como visitar

Este pinhal situa-se cerca de 20 km a noroeste de Huelva. O melhor acesso é pela auto-estrada A-49, tomando a saída 105 e seguindo as indicações para Tariquejo (estrada HU-3402). Após cerca de 1,5 km, vire à esquerda na indicação 'Presa del piedras'. O pinhal começa aqui.

Este é um excelente local para encontrar várias aves florestais, que são escassas nas zonas costeiras e são mais fáceis de ver aqui. Toda a área é bastante uniforme e a exploração pode ser feita em qualquer ponto. Muitos caminhos cruzam a mata e podem ser usados livremente para caminhar. Seguidamente dão-se alguns pontos de referência.

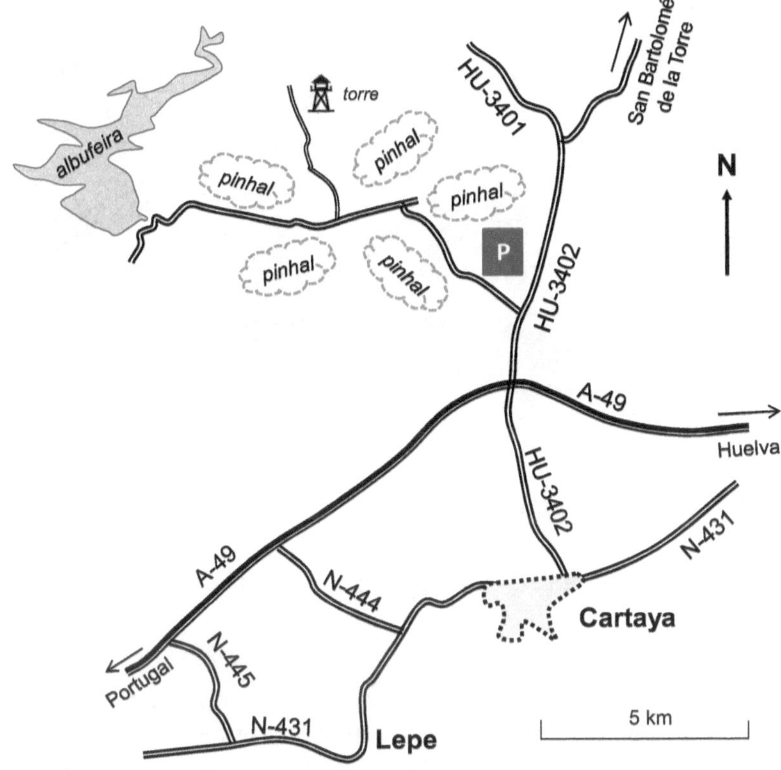

Pouco depois de entrar no pinhal, aparece do lado direito a área de descanso 'Las Palomas' (37.3523, -7.1584). Este é um bom sítio para estacionar e explorar a área. As aves típicas deste local incluem vários chapins e trepadeira-comum. Esta área de descanso é muito procurada aos fins-de-semana, mas durante a semana costuma ser tranquila.

A estrada continua pelo bosque e vale a pena explorar outros pontos ao longo do percurso. Sugere-se que procure caminhos laterais, onde possa estacionar com segurança e caminhar. Após cerca de 3,5 km, há um entroncamento em T, onde se deve virar à esquerda. 1,5 km mais adiante, surge um estradão à direita com a indicação 'Villanueva de los Castillejos'. Este estradão é pouco movimentado e leva a uma torre de vigilância de incêndios. As espécies ao longo deste estradão incluem toutinegra-do-mato, escrevedeira-de-garganta-preta e chasco-ruivo.

Estuário do Rio Piedras

Estuário em forma de L, com lodos, sapais e alguns pinhais.

Aves

Residentes: garça-boieira, garça-branca-pequena, tartaranhão-dos-pauis, borrelho-de-coleira-interrompida, poupa, pica-pau-verde, cotovia-de-poupa, rouxinol-bravo, chapim-rabilongo, chapim-de-poupa, picanço-real, pega-azul, corvo, pintarroxo, bico-de-lacre

Verão: tartaranhão-caçador, gaivina-pequena, cuco-rabilongo, andorinhão-pálido, andorinha-dáurica, alvéola-amarela

Inverno: ganso-patola, garça-branca-grande, colhereiro, águia-pesqueira, ostraceiro, alfaiate, tarambola-cinzenta, borrelho-grande-de-coleira, seixoeira, pilrito-comum, fuselo, maçarico-galego, maçarico-real, perna-verde, rola-do-mar, gaivota-de-cabeça-preta, garajau-grande, guarda-rios, pisco-de-peito-azul, toutinegra-do-mato

Como visitar

O acesso é feito pela N-431, que passa por Cartaya e Lepe. Existem duas rotas principais para visitar esta área.

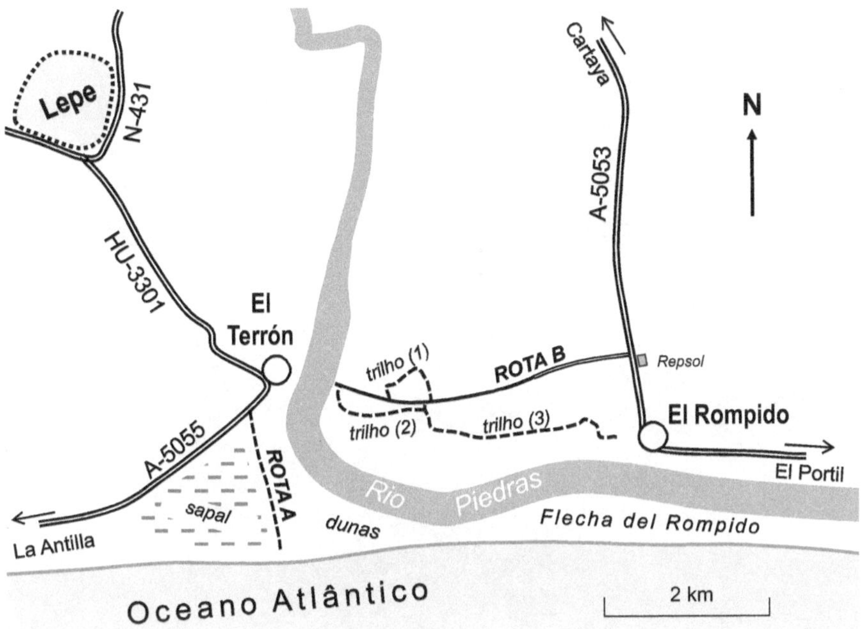

Rota A (margem ocidental): deixe Lepe para sul seguindo a HU-3301 e prossiga para El Terrón. Neste local existe um pequeno porto, que é um local conveniente para parar e dar uma vista de olhos ao estuário. Na maré baixa costuma haver limícolas, gaivotas e outras aves aquáticas. Depois disso, deixe El Terrón para sul na estrada para La Antilla; 100 m à frente, vire à esquerda numa estrada não pavimentada (começa em 37.2234, -7.1774). Esta estrada, que está em mau estado de conservação, atravessa uma vasta zona de sapal com alguns canais que atraem garças e limícolas e termina perto da praia. A leste, existe uma longa restinga ('Flecha del Rompido'). Vale a pena caminhar 1 ou 2 km ao longo da margem do estuário, para procurar mais aves aquáticas.

Rota B (margem oriental): esta rota fica a oeste da estrada que liga Cartaya a El Rompido (A-5053). Cerca de 7 km a sul de Cartaya, pouco antes do posto de gasolina Repsol (37.2280, -7.1268), há uma estrada à direita, que leva ao estuário. Esta estrada começa por ser asfaltada, mas depois passa a não asfaltada. Há três trilhos sinalizados, todos eles interessantes. O trilho 1 ('Marismas de San Miguel') encontra-se do lado direito, é um trilho circular que atravessa uma zona de sapal, onde no Inverno há limícolas, garças e pisco-de-peito-azul. O trilho 2 ('La Turbera') corre paralelo à estrada de terra, passando por um pequeno pinhal, que abriga várias aves florestais, incluindo chapim-de-poupa, e leva até a margem do rio. O trilho 3 ('Rio Piedras') é muito mais longo, começa no mesmo ponto, mas segue para leste até El Rompido.

Lagoa de El Portil

Lagoa costeira, rodeada por pinheiros.

Aves

Residentes: frisada, zarro-comum, pato-de-bico-vermelho, mergulhão-pequeno, mergulhão-de-crista, garça-branca-pequena, galeirão, pernilongo, gaivota-argêntea, poupa, pica-pau-verde, rouxinol-bravo, toutinegra-do-mato, chapim-rabilongo, chapim-de-poupa, trepadeira-comum, estorninho-preto, pardal-montês, bico-de-lacre

Verão: rola-brava, andorinhão-preto, andorinhão-pálido, andorinha-dáurica, papa-moscas-cinzento

Inverno: marrequinha, arrabio, pato-trombeteiro, zarro-castanho, zarro-negrinha, pato-de-rabo-alçado, mergulhão-de-pescoço-preto, garça-branca-grande, garça-real, íbis-preta, maçarico-bique-bique, gaivota-de-audouin, guarda-rios, tordo-comum, felosa-comum

Como visitar

Esta lagoa fica situada em El Portil, cerca de 10 km a sudoeste de Huelva. O acesso a partir desta cidade é feito pela A-497 até Punta

Umbria, saindo na saída nº 9 e seguindo as indicações para El Portil. Ao chegar a esta localidade, siga pela faixa lateral e estacione 200 m à frente, onde a faixa fica mais larga. Há uma pequena plataforma de madeira à beira da estrada (37.2114, -7.0451), que permite uma boa vista sobre a lagoa. O local é muito acessível e a plataforma de observação é de fácil acesso a pessoas com mobilidade reduzida. Está voltada para norte, pelo que as condições de luz são geralmente boas.

Vale a pena ficar aqui um pouco, prospectando a margem da lagoa, enquanto as aves entram e saem da vegetação. A lagoa contém uma boa selecção de aves aquáticas, especialmente patos e mergulhões. O raro pato-de-rabo-alçado foi registado aqui em várias ocasiões. O único inconveniente desta plataforma é o facto de se encontrar muito perto da estrada principal, pelo que o ruído do trânsito pode incomodar.

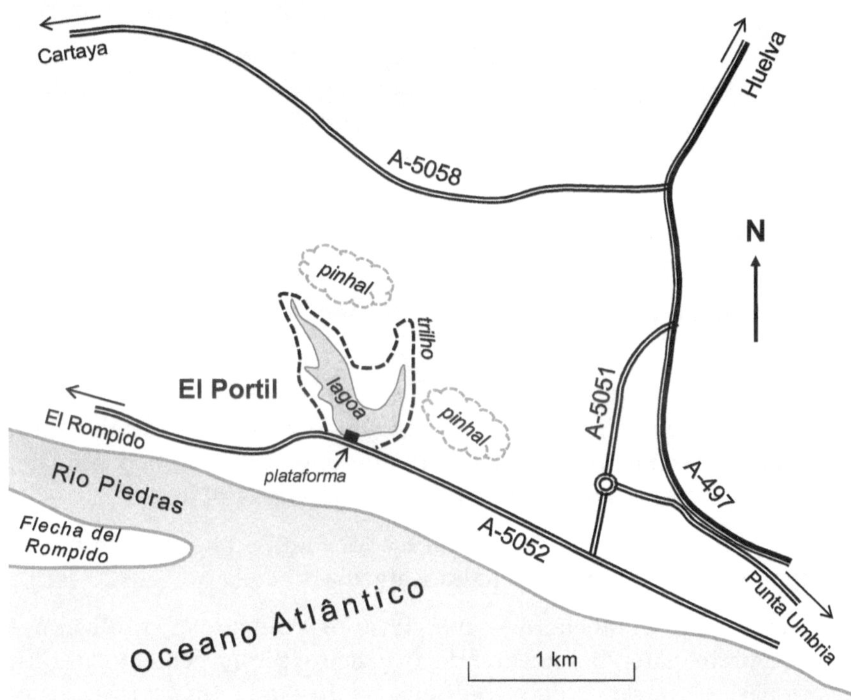

No entanto, é possível caminhar ao redor da lagoa, evitando o ruído. A melhor opção é percorrer o trilho circular sinalizado ('sendero') que segue ao longo da vedação. O percurso passa principalmente pelo pinhal, onde ocorrem várias aves florestais, nomeadamente pica-paus, chapins e trepadeira-comum. Além disso, é possível espreitar a lagoa de diferentes ângulos e inspeccionar algumas partes que não são visíveis da plataforma. O circuito tem cerca de 3,5 km de extensão.

Marismas de Odiel

Grande estuário com salinas, sapais e dunas.

Aves

Residentes: pato-branco, frisada, pato-de-bico-vermelho, colhereiro, flamingo, tartaranhão-dos-pauis, águia-pesqueira, pernilongo, alfaiate, borrelho-de-coleira-interrompida, poupa, cotovia-de-poupa

Verão: milhafre-preto, tartaranhão-caçador, águia-calçada, rola-brava, gaivina-pequena, andorinhão-pálido, alvéola-amarela

Inverno: pato-trombeteiro, merganso-de-poupa, mergulhão-de-pescoço-preto, garça-branca-grande, ostraceiro, pilrito-pequeno, pilrito-das-praias, maçarico-de-bico-direito, fuselo, maçarico-galego, maçarico-real, perna-verde, rola-do-mar, gaivota-de-bico-fino, gaivota-de-audouin, garajau-grande, guarda-rios, laverca, petinha-ribeirinha, pisco-de-peito-azul, chapim-de-faces-pretas, pardal-espanhol

Como visitar

Há uma estrada principal que leva à área protegida. A estrada começa junto a uma rotunda perto de Corrales (saída nº 3 da via rápida A-497).

A estrada começa por atravessar uma vasta área de salinas industriais, que atraem muitas limícolas e flamingos. Após cerca de 2,5 km, há uma pequena estrada à esquerda sinalizada 'CREA-CEGMA'. Mesmo ao lado do portão, há uma charca do lado esquerdo (37.2542, -6.9695). Este é um excelente local para aves aquáticas, especialmente no Inverno. O caimão é frequente, e no final do Verão costuma haver limícolas. Do lado oeste da charca, junto à estrada, há um pequeno observatório.

De volta à estrada principal, 250 m mais a sul há um portão à esquerda. Esta é a entrada para o centro de visitantes (horário 9h às 15h, excepto domingos). Aqui poderá obter informações sobre a área e os percursos existentes. Dois dos percursos começam neste local: um para as salinas tradicionais (1) e outro para 'Calatilla Bacuta' (2). Ambos possuem uma boa variedade de aves aquáticas, incluindo limícolas, gaivotas, garças e flamingos. Por trás do centro, também é possível observar o rio Odiel, onde há mergulhões, mergansos, corvos-marinhos e mais limícolas.

A estrada continua para sul, passa por uma ponte alta e entra numa ilha (Isla de Saltés). Esta ilha é composta principalmente por sapais. Existem algumas plantações de pinheiros ao longo do caminho, que atraem passeriformes, principalmente na migração. Mais adiante, surge uma zona de dunas e a estrada termina no Espigón Juan Carlos I. Há estacionamento gratuito do lado direito, e a partir daqui é fácil seguir pelos passadiços até à praia, onde se pode olhar para o mar.

Esteiro de Domingo Rubio

Conjunto de pauis de água doce, orlados por vegetação emergente e rodeados por bosques de pinheiro-manso.

Aves

Residentes: pato-real, frisada, mergulhão-pequeno, mergulhão-de-crista, garça-branca-pequena, colhereiro, íbis-preta, cegonha-branca, tartaranhão-dos-pauis, frango-d'água, galinha-d'água, galeirão, caimão, pernilongo, poupa, rouxinol-bravo, fuinha-dos-juncos, chapim-rabilongo, chapim-de-faces-pretas, pega-azul, corvo, bico-de-lacre

Verão: garçote, garça-nocturna, garça-vermelha, abelharuco, torcicolo, andorinha-dáurica, alvéola-amarela, rouxinol-comum, rouxinol-pequeno-dos-caniços, rouxinol-grande-dos-caniços, felosa-ibérica

Inverno: garça-branca-grande, águia-pesqueira, combatente, maçarico-bique-bique, guarda-rios, pisco-de-peito-azul, tordo-comum

Como visitar

Esta zona húmida fica situada poucos km a sueste de Huelva, não muito longe do local onde o rio Tinto desagua no rio Odiel. O melhor acesso é através da estrada A-494 que liga Moguer a Mazagón. Cerca de 4 km a sul de Moguer, logo após o sinal do km 16, procure uma estrada estreita para a direita (37.2060, -6.8726). Esta estrada segue ao longo da margem norte de um paul. Existem caniçais e também algumas árvores, sobretudo salgueiros. Após cerca de 1 km existe uma plataforma de madeira, que pode ser utilizada para observar a área.

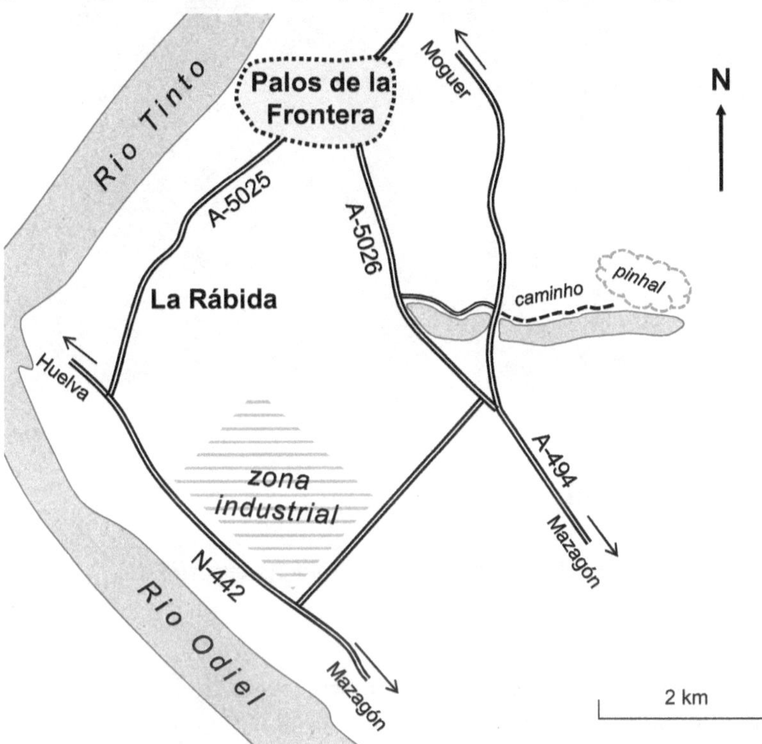

De volta à estrada principal, do lado oposto, existe um caminho de areia que segue para leste. Este caminho, que é preferencialmente percorrido a pé, também segue ao longo do paul. Deste lado, existem vastas extensões de vegetação emergente, onde na Primavera há os dois rouxinóis-dos-caniços (o pequeno e o grande). Há outras aves aquáticas, incluindo garças, caimão, mergulhões e, às vezes, alguns patos. O paul encontra-se rodeado por árvores, e vale a pena examiná-las com cuidado, pois atraem uma variedade de passeriformes, incluindo chapins e toutinegras. O rouxinol-bravo é frequente, o chapim-de-faces-pretas nidifica, a felosa-dos-juncos ocorre na passagem, enquanto o rouxinol-comum e a felosa-ibérica são estivais.

Ao fim de pouco mais de 1 km, chega-se a um pinhal. Aqui já foram registados o torcicolo, a trepadeira-comum e o chapim-rabilongo.

Lagoa de Palos

Pequena lagoa de água doce rodada por vegetação emergente.

Aves

Residentes: pato-real, frisada, zarro-comum, pato-de-bico-vermelho, mergulhão-pequeno, garça-branca-pequena, íbis-preta, tartaranhão-dos-pauis, galinha-d'água, galeirão, caimão, rouxinol-bravo, chapim-rabilongo, chapim-de-faces-pretas, estorninho-preto, bico-de-lacre

Verão: garça-nocturna, papa-ratos, garça-vermelha, gaivina-dos-pauis, abelharuco, rouxinol-comum

Inverno: marrequinha, arrabio, pato-trombeteiro, corvo-marinho-de-faces-brancas, águia-pesqueira, guarda-rios

Como visitar

A lagoa de Palos (conhecida localmente como 'Laguna Primera de Palos') é a mais ocidental e a segunda maior de um complexo lagunar denominado 'Paraje Natural Lagunas de Palos y las Madres'. Situa-se junto à zona industrial de Huelva. O acesso é simples: saia de Huelva para sul na N-442, seguindo as indicações para Mazagón. A estrada atravessa o rio Tinto e depois percorre uma grande área industrial durante cerca de 4 km. No final da área industrial, procure um caminho à esquerda (37.1700, -6.8944) e estacione. A lagoa fica ao lado.

Uma antiga linha férrea corre paralela à estrada, e daqui é possível ver uma grande parte da lagoa. Vale a pena ficar aqui algum tempo, observando a água e a vegetação circundante. Patos e mergulhões são vistos com frequência aqui. Ao longo das margens, muitas vezes há garças, íbis e caimão, mas estas aves tendem a alimentar-se entre a vegetação, por isso vale a pena examinar a margem com atenção.

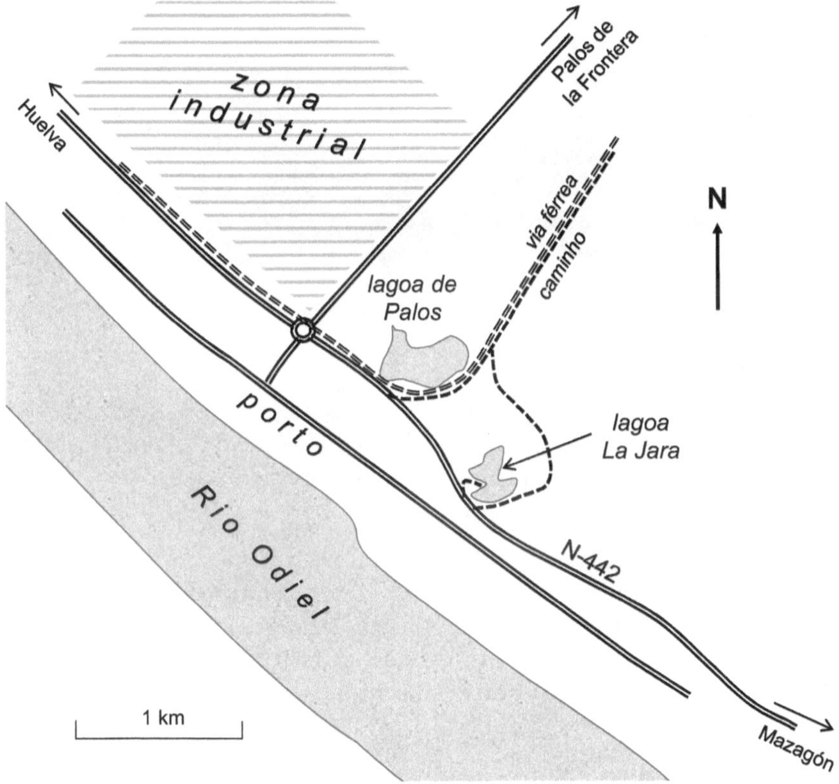

No meio da lagoa existe um abrigo, mas este é gerido por uma empresa petrolífera e em geral não está aberto a visitantes.

Os outros lados da lagoa são menos acessíveis, pois não há caminhos ou percursos sinalizados.

Cerca de 800m a sueste, ao longo da N-442, existe uma outra lagoa (Laguna de la Jara) com um pequeno abrigo. Embora esteja muito perto da estrada, o acesso pode ser complicado, pois não há condições para estacionar em segurança. Dois trilhos conduzem à margem da lagoa.

Doñana – El Rocío

Uma típica aldeia andaluza, conhecida pela sua peregrinação anual. Mesmo à sua frente encontra-se uma grande área inundada.

Aves

Residentes: ganso-bravo, frisada, zarro-comum, pato-de-bico-vermelho, mergulhão-pequeno, íbis-preta, colhereiro, cegonha-branca, flamingo, tartaranhão-dos-pauis, caimão, galeirão, pernilongo, poupa, cotovia-de-poupa, rouxinol-bravo, estorninho-preto, bico-de-lacre

Verão: garçote, papa-ratos, garça-nocturna, garça-vermelha, milhafre-preto, perdiz-do-mar, gaivina-dos-pauis, rola-brava, andorinhão-preto, andorinhão-pálido, andorinha-das-barreiras, alvéola-amarela, rouxinol-pequeno-dos-caniços, rouxinol-grande-dos-caniços

Inverno: marrequinha, arrabio, pato-trombeteiro, gavião, abibe, narceja, perna-verde, pisco-de-peito-azul, chapim-de-faces-pretas

Como visitar

El Rocío é uma aldeia popular e constitui, certamente, a principal porta de entrada para o Parque Nacional de Doñana. É muito acessível e um excelente ponto de partida para quem visita Doñana pela primeira vez. A forma mais fácil de chegar é pela A-483, que liga a auto-estrada A-49 a Matalascañas. A principal atracção aqui é a Marisma del Rocío, uma área inundada que fica logo ao sul da aldeia. Este local atrai inúmeras aves aquáticas, e é possível ver grandes bandos ao longo de todo o ano. Durante o Inverno, costuma haver muitos patos, bem como flamingos, colhereiros e várias limícolas. Na Primavera, muitas vezes há gaivinas, perdizes-do-mar e muitos milhafres-pretos.

Do lado sul da aldeia há uma avenida larga chamada 'Mirador de la Marisma' (37.1316, -6.4878), que é o local mais conveniente para explorar esta área. Há estacionamento pago no local. A avenida oferece uma excelente vista sobre a maior parte da marisma. A única desvantagem é a orientação: ela está voltada para o sul, o que significa que a luz está desfavorável durante grande parte do dia. No extremo leste há caniçais, onde na Primavera ocorrem o garçote e os rouxinóis-dos-caniços (pequeno e grande) e no Inverno o chapim-de-faces-pretas.

A leste destes caniçais fica o centro ornitológico 'Francisco Bernis' (aberto de quarta a domingo, das 10h às 14h). A partir do terraço superior é possível desfrutar de uma vista soberba sobre a marisma.

A margem ocidental da marisma também pode ser explorada ao longo do caminho que segue paralelo à estrada N-483. A luz deste lado é melhor durante a tarde. Existem alguns abrigos de observação.

Doñana – La Rocina

Zona apaludada, contendo grandes manchas de vegetação emergente.

Aves

Residentes: frisada, zarro-comum, pato-de-bico-vermelho, mergulhão-pequeno, íbis-preta, colhereiro, tartaranhão-dos-pauis, caimão, guarda-rios, poupa, cotovia-arbórea, rouxinol-bravo, toutinegra-do-mato, chapim-rabilongo, chapim-de-poupa, trepadeira-comum, chapim-de-faces-pretas, corvo, estorninho-preto, bico-grossudo, bico-de-lacre

Verão: garçote, garça-nocturna, garça-vermelha, milhafre-preto, águia-calçada, cuco-canoro, abelharuco, andorinha-das-barreiras, rouxinol-comum, felosa-unicolor, rouxinol-grande-dos-caniços, felosa-poliglota, felosa-ibérica, papa-moscas-cinzento, picanço-barreteiro

Inverno: marrequinha, pato-trombeteiro, rabirruivo-preto, tordo-ruivo, estrelinha-real

Como visitar

Imediatamente a oeste de El Rocío (ver pág. 30), o centro de informações de La Rocina é bastante fácil de encontrar: saia de El Rocío para sul, pela estrada A 483 para Matalascañas. Logo após passar a ponte, vire à direita – o centro de informações é aqui (37.1236, -6.4965). O portão abre das 8h às 22h. Há estacionamento gratuito no local.

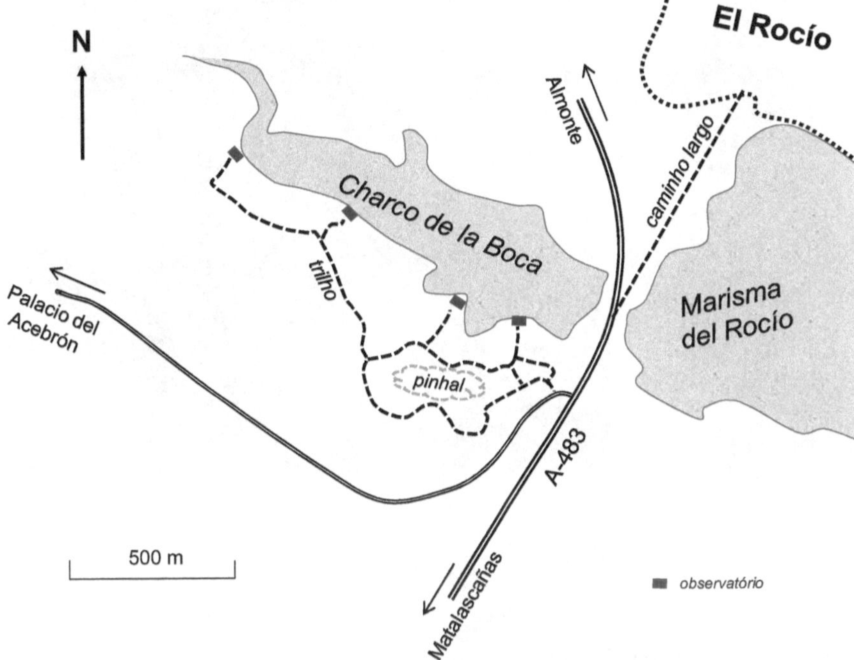

As visitas são feitas a pé, utilizando os caminhos existentes. Estes levam a um conjunto de quatro abrigos com vista para o paul ('Charco de la Boca'). Todos os abrigos estão virados para norte, pelo que a luz é geralmente boa para observação e fotografia. Há muitas manchas de vegetação emergente, as quais atraem aves interessantes.

Durante a Primavera, é possível encontrar uma boa variedade de garças e felosas, bem como patos, colhereiro, íbis-preta e caimão. Na Primavera, os caniçais vibram com os cantos do rouxinol-bravo, da felosa-unicolor e do rouxinol-pequeno-dos-caniços. No Outono e no Inverno, o local costuma ser mais silencioso, já que a maioria das aves parece preferir a vizinha Marisma del Rocío (ver pág. 30). Deve notar-se que o paul pode secar durante o Verão.

O percurso atravessa uma bela área de pinhal, onde há várias aves florestais, entre elas o chapim-de-poupa e a trepadeira-comum. Existem também algumas manchas de mata ribeirinha, que formam o habitat ideal do rouxinol-comum, da felosa-poliglota e da felosa-ibérica. O trilho que conduz aos dois abrigos mais ocidentais atravessa uma zona de matagal, onde poderá ver a cotovia-arbórea e a toutinegra-do-mato.

Doñana – Palacio del Acebrón

Bosque ribeirinho e pinhal.

Aves

Residentes: garça-nocturna, guarda-rios, pica-pau-galego, carriça, rouxinol-bravo, toutinegra-do-mato, toutinegra-de-barrete, estrelinha-real, chapim-rabilongo, chapim-de-poupa, trepadeira-comum, pega-azul, estorninho-preto, escrevedeira-de-garganta-preta, bico-de-lacre

Verão: cuco-canoro, rouxinol-comum, felosa-poliglota, felosa-ibérica, papa-moscas-cinzento, picanço-barreteiro

Inverno: pisco-de-peito-ruivo, felosa-comum

Como visitar

O acesso faz-se através do portão que dá acesso ao centro de La Rocina (ver pág. 32), mas em vez de estacionar aí, prossiga por mais 3 km até a estrada terminar num parque de estacionamento. Neste ponto (37.1420, -6.5457) tem início um trilho circular, com cerca de 1,5 km de extensão. A descrição seguinte corresponde ao sentido anti-horário (mas o trilho também pode ser percorrido no sentido inverso).

No início, o percurso passa por entre carvalhos e pinheiros, com mata ripícola do lado esquerdo. Aves típicas da Primavera incluem rouxinol-comum, rouxinol-bravo e felosa-ibérica. Mais adiante, surgem umas passadeiras de madeira que cruzam a ribeira, por entre mata ripícola e manchas de caniços. A vegetação é densa e as aves são mais facilmente ouvidas do que vistas. Na Primavera é fácil ouvir o canto do rouxinol-comum, do rouxinol-pequeno-dos-caniços e da felosa-poliglota.

Do outro lado da ribeira, existem algumas áreas de pinhal maduro. Este habitat é preferido por aves de bosque seco, como o pica-pau-galego, o papa-moscas-cinzento, o chapim-de-poupa, a trepadeira-comum e a pega-azul.

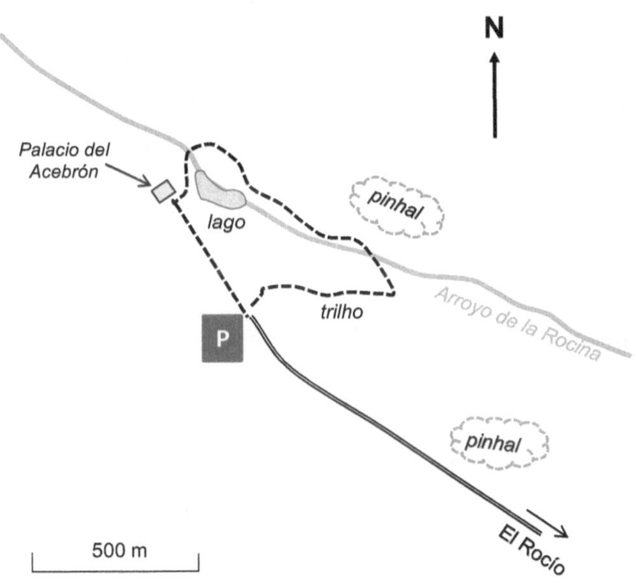

Finalmente, surge outra passadeira – o trilho cruza novamente o riacho e entra numa área aberta. Surge um grande edifício branco – é o Palacio del Acebrón. Está aberto a visitantes (painéis informativos no interior).

Existem também duas plataformas de madeira, a partir de onde se avista um pequeno lago ('Charco del Acebrón'). A garça-nocturna aparece ocasionalmente por aqui, empoleirando-se nas árvores.

Este local pode ser visitado em qualquer época do ano, mas a Primavera é a melhor época para encontrar uma maior diversidade, já que muitas aves cantam activamente e podem ser facilmente detectadas pelo som. No Inverno, a maioria das aves está em silêncio.

Doñana – El Acebuche

Um conjunto de lagoas, equipadas com observatórios.

Aves

Residentes: pato-real, zarro-comum, pato-de-bico-vermelho, mergulhão-pequeno, cegonha-branca, caimão, pombo-torcaz, cartaxo, toutinegra-do-mato, chapim-de-poupa, trepadeira-comum, picanço-real, pega-azul, estorninho-preto, pardal-montês, trigueirão

Verão: garça-vermelha, milhafre-preto, águia-calçada, abelharuco, felosa-poliglota, picanço-barreteiro, papa-figos

Inverno: narceja, maçarico-bique-bique, rabirruivo-preto

Como visitar

O acesso a este local é feito pela N-483 que liga El Rocío a Matalascañas. Cerca de 3 km a norte desta última localidade, existe uma estrada assinalada como 'El Acebuche', que conduz ao centro de informações (37.0463, -6.5662). Há estacionamento gratuito no local.

Este local só pode ser visitado a pé, mas há caminhos sinalizados, o que facilita a exploração da zona. Existem dois trilhos principais: o

Caminho da Lagoa de Acebuche e o Caminho das Lagoas Huerto e Las Pajas. Estes caminhos passam por pinhais, onde se encontram muitas pegas-azuis e outras aves florestais.

O primeiro caminho leva à lagoa principal (Laguna del Acebuche). Ao longo do lado sul foram construídos seis abrigos de observação. Todos eles estão voltados para norte e oferecem uma boa vista sobre a lagoa.

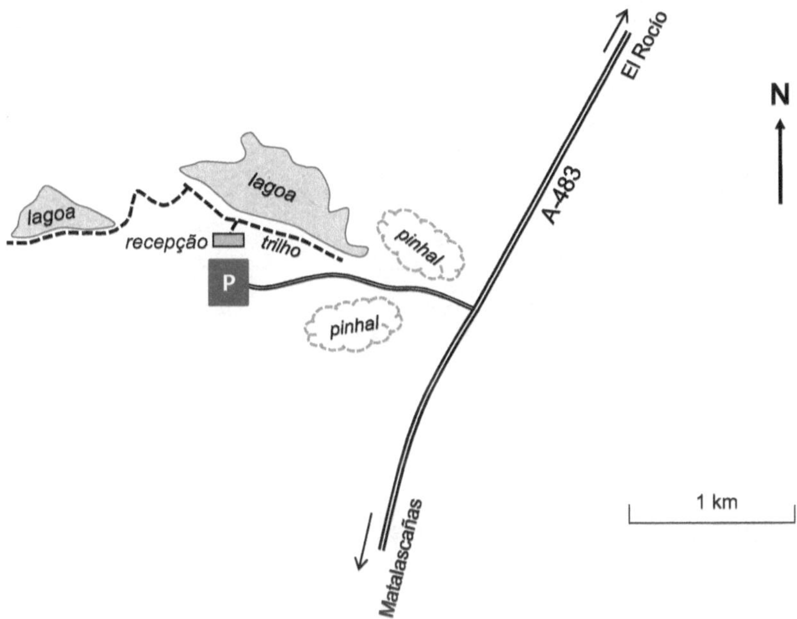

O segundo caminho é um pouco mais longo e segue para oeste em direcção à Laguna de las Pajas e à Laguna del Huerto (esta última não está representada no mapa acima), onde também há abrigos. No centro de visitantes é possível obter um mapa da zona.

El Acebuche destaca-se também por ser possível ver uma apresentação audiovisual sobre o Parque Nacional. Além disso, é aqui que podem ser marcadas visitas às áreas reservadas do Parque. Há muitos anos, El Acebuche era um dos melhores lugares a visitar em Doñana. É de notar, no entanto, que as lagoas de El Acebuche são hoje muito menos interessantes para a observação de aves do que costumavam ser. De facto, no passado, esse local costumava atrair muitas aves aquáticas, mas nos últimos anos o número de aves é muito menor. As razões para esse declínio não são muito claras. É possível que agora as aves prefiram outros locais dentro do Parque Nacional. Além disso, tal como sucede em La Rocina (ver p. 32), as lagoas podem secar durante o Verão e, quando isso acontece, não há aves aquáticas.

Campiña de Huelva

Zona agrícola com campos de cereal e olivais.

Aves

Residentes: codorniz, garça-boieira, peneireiro-cinzento, grifo, tartaranhão-dos-pauis, bútio-comum, peneireiro-vulgar, mocho-galego, poupa, calhandra-real, cotovia-de-poupa, andorinha-das-rochas, rouxinol-bravo, picanço-real, corvo, pardal-espanhol, trigueirão

Verão: milhafre-preto, tartaranhão-caçador, águia-cobreira, águia-calçada, peneireiro-das-torres, rola-brava, andorinhão-preto, abelharuco, calhandrinha, alvéola-amarela, rouxinol-comum, chasco-ruivo, rouxinol-pequeno-dos-caniços, rouxinol-grande-dos-caniços, felosa-pálida, felosa-poliglota, papa-figos, picanço-barreteiro

Inverno: milhafre-real, tartaranhão-azulado, laverca

Como visitar

Esta área fica a nordeste de Huelva e forma uma longa faixa de campos com cerca de 60 km de comprimento e 7 km de largura. Consiste principalmente em campos desarborizados e alguns olivais.

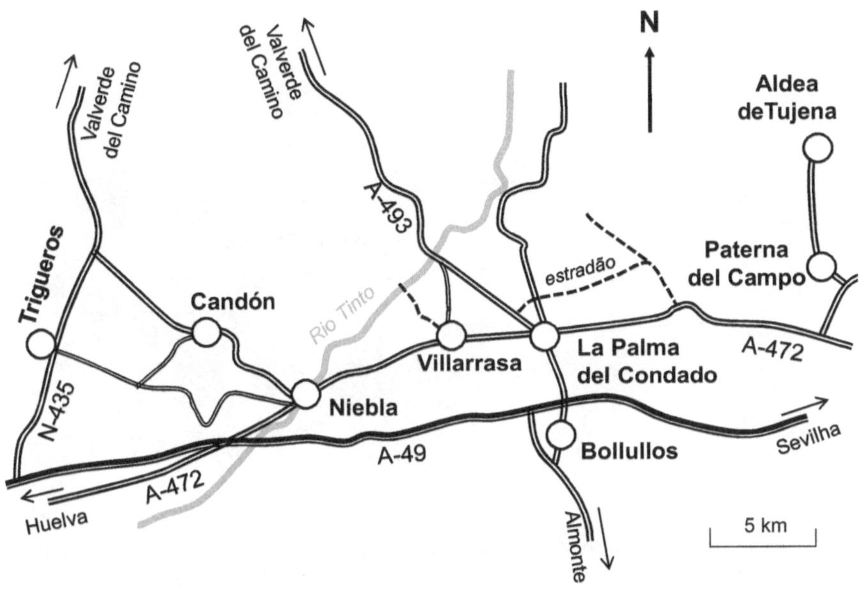

Várias estradas percorrem a área. A melhor estratégia consiste em seguir por estradas secundárias, que geralmente são tranquilas, e fazer paragens, especialmente em pontos altos, para prospectar. Há também muitas estradas de terra. Seguidamente sugerem-se algumas rotas.

No sector mais ocidental, existe uma área acessível entre Trigueros e Candón. Saia de Trigueros para leste (não deixe de olhar para o grande depósito de água, onde por vezes há peneireiros-das-torres) e siga para leste através dos campos. A calhandra-real ocorre ao longo desta rota. Após cerca de 5 km, vire à esquerda e continue em direcção a Candón.

Em Niebla, a ponte sobre o rio Tinto (37.3649, -6.6741) é um bom local para observar a andorinha-das-rochas.

Mais a leste, outro sector interessante fica em torno de Palma del Condado e Villarrasa. Aqui aparecem abutres, e além disso o milhafre-real é frequente no Inverno. Esta área tem muitos ninhos de cegonha-branca nos postes de alta tensão. Vale a pena explorar duas pequenas estradas que saem de Villarrasa para norte. A da esquerda (não asfaltada) leva a uma ponte sobre o rio Tinto; na margem do rio há caniçais onde ocorrem rouxinol-bravo e rouxinol-grande-dos-caniços.

A área a norte de Paterna del Campo também é fácil de explorar – tente ao longo da estrada que segue para Aldea de Tujena e depois siga uma das estradas de terra para leste até Tejada la Nueva (37.4485, -6.3632). Neste último local, a felosa-pálida já foi vista ao longo da ribeira.

Puebla de Guzmán

Paisagem mista com montados, áreas abertas e pequenos cursos de água. Também há uma mina abandonada.

Aves

Residentes: cegonha-branca, grifo, abutre-preto, açor, bufo-real, mocho-galego, poupa, pica-pau-verde, cotovia-montesina, cotovia-arbórea, andorinha-das-rochas, melro-azul, toutinegra-do-mato, chapim-rabilongo, trepadeira-azul, picanço-real, pega-azul, corvo, estorninho-preto, bico-grossudo, trigueirão

Verão: garça-vermelha, rola-brava, andorinhão-preto, andorinhão-cafre, abelharuco, andorinha-dáurica, rouxinol-comum, chasco-ruivo, toutinegra-carrasqueira, papa-figos, picanço-barreteiro

Inverno: milhafre-real, abibe, maçarico-bique-bique, laverca

Como visitar

Esta área fica na parte ocidental do Andévalo, 12 km a oeste de Tharsis (ver pág. 42). Saindo de Tharsis, tome a A-475 para oeste. Se vier da área de Ayamonte, siga pela A-499 por Villanueva de los Castillejos.

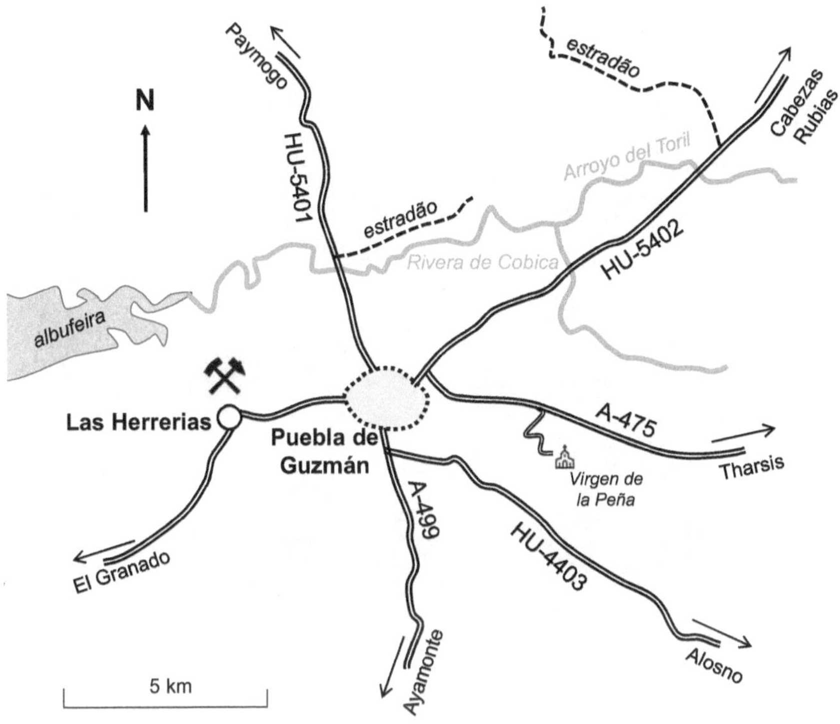

Na zona de Puebla de Guzmán, existem vários sectores que vale a pena explorar. Seguidamente sugerem-se alguns deles.

Uma das melhores rotas é pela HU-5402 que segue para nordeste em direcção a Cabezas Rubias. Esta estrada atravessa várias pequenas pontes, que vale a pena inspeccionar. O andorinhão-cafre já aqui foi registado, bem como o bico-grossudo. A cerca de 9 km da vila, um estradão não pavimentado à esquerda conduz a uma zona de montado de azinho, onde a cotovia-montesina e a cotovia-arbórea são comuns.

A norte de Puebla de Guzmán, a estrada HU-5401 atravessa uma área de campos onde há espécies de campo aberto, incluindo milhafre-real.

O sector ocidental também merece alguma atenção. Em Las Herrerías existe uma antiga mina (37.6148, -7.2931), que pode ser explorada a pé ao longo dos trilhos existentes. Há muitos amontoados de detritos – estes formam o habitat ideal para o chasco-ruivo, que é comum aqui. Outras aves nesta área incluem bufo-real, melro-azul e bico-grossudo.

Alguns km a leste, ao longo da A-475, há um monte com uma capela no topo. Este é mais um local para o andorinhão-cafre. Também vale a pena olhar para o céu em busca de aves de rapina, especialmente após o meio da manhã. Por vezes aparecem grandes bandos de abutres.

Tharsis

Dois complexos de minas abandonadas.

Aves

Residentes: cegonha-branca, garça-real, grifo, peneireiro-vulgar, cotovia-montesina, cotovia-arbórea, andorinha-das-rochas, cartaxo, melro-azul, rouxinol-bravo, toutinegra-do-mato, toutinegra-de-cabeça-preta, picanço-real, pega-azul, gralha-de-bico-vermelho, corvo, estorninho-preto, pardal-francês, pintarroxo, trigueirão, bico-de-lacre

Verão: garça-vermelha, cegonha-preta, abelharuco, andorinha-dáurica, rouxinol-comum, chasco-ruivo, toutinegra-carrasqueira

Inverno: petinha-dos-prados, ferreirinha-comum, rabirruivo-preto

Como visitar

Tharsis é uma vila na região central de Andévalo, cerca de 50 km a noroeste de Huelva. A melhor forma de chegar a partir de Huelva é pela H-30 até Gibraleón e depois pela A-495 que liga Gibraleón a Tharsis. Se vier da zona de Puebla de Guzmán (ver pág. 40), o acesso é através da A-475 para leste.

Existem dois locais principais que vale a pena visitar: a mina Tharsis e a mina Lagunazo. O primeiro fica muito perto da localidade de Tharsis e compreende vários poços grandes logo a sul da vila e para leste da A-495. Procure o posto de combustível GALP (37.5915, -7.1198). Várias estradas e caminhos começam nesse ponto e conduzem até aos poços. O número de aves neste local costuma ser pequeno, mas em geral há andorinha-das-rochas (com bandos grandes no Inverno), o melro-azul é regular, a cegonha-preta aparece na Primavera e os grifos são por vezes avistados ao longe. O pardal-francês já foi registado no local, mas o estatuto desta espécie na região não é muito claro.

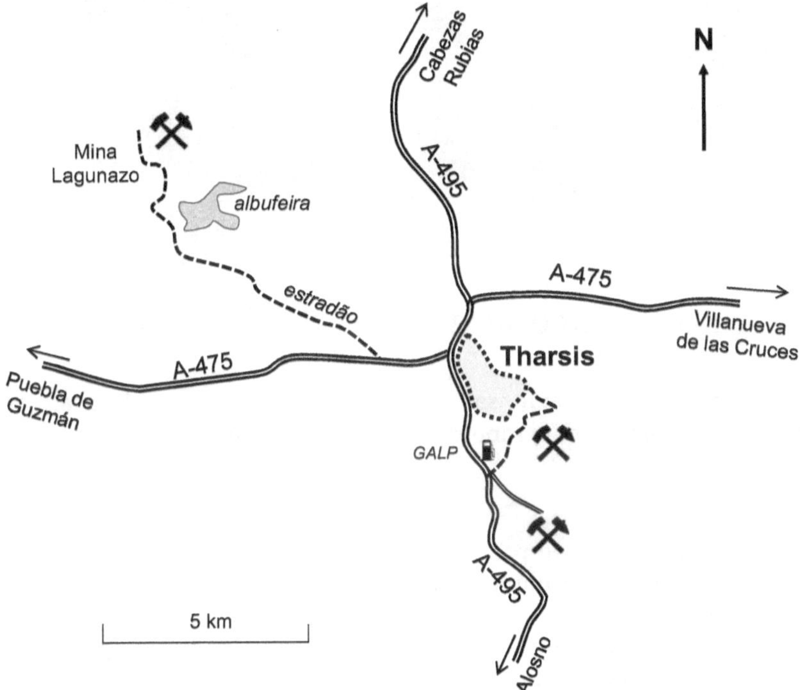

A mina Lagunazo é outro complexo, fica cerca de 5 km a noroeste. Procure uma estrada de terra que começa 1 km a oeste de Tharsis, ao longo da A-475 (37.6044, -7.1363). Essa estrada de terra leva à antiga mina, que pode ser explorada a pé. Existem várias plataformas de onde é possível observar os poços abertos. Este é um dos melhores locais da região para ver bufo-real, cegonha-preta e gralha-de-bico-vermelho. O bufo é, como sempre, muito discreto – procure nas paredes mais inacessíveis, onde esta ave descansa durante o dia. As encostas circundantes estão cobertas por mato; aqui poderá ver cotovia-montesina, toutinegra-do-mato e, no Inverno, ferreirinha-comum.

Sierra de Aracena e Picos de Aroche

Zona serrana com extensas áreas de floresta – principalmente carvalhos, castanheiros, pinheiros e algumas matas ribeirinhas.

Aves

Residentes: grifo, abutre-preto, poupa, pica-pau-malhado-grande, pica-pau-galego, cotovia-arbórea, andorinha-das-rochas, alvéola-cinzenta, melro-azul, tordoveia, estrelinha-real, chapim-rabilongo, chapim-de-poupa, trepadeira-azul, trepadeira-comum, corvo, estorninho-preto, pardal-francês, escrevedeira-de-garganta-preta

Verão: milhafre-preto, águia-cobreira, águia-calçada, andorinhão-preto, andorinhão-pálido, andorinha-dáurica, rouxinol-comum, rabirruivo-de-testa-branca, felosa-poliglota, toutinegra-carrasqueira, felosa-ibérica

Inverno: milhafre-real, ferreirinha-alpina, rabirruivo-preto, tordo-comum, dom-fafe

Como visitar

Esta zona fica situada no extremo norte da província de Huelva. Pertence a uma vasta área protegida chamada 'Parque Natural de la

Sierra de Aracena y Picos de Aroche'. Para lá chegar a partir de Huelva, siga a N-435 para norte durante cerca de 100 km, até chegar a Jabugo.

O parque é grande, e há muitos trilhos marcados ('senderos'), que podem ser usados para o explorar. Alguns deles são sugeridos aqui.

- Castaño del Robledo – fica a cerca de 5 km a sueste de Jabugo. Três percursos começam nesta aldeia. Um deles, denominado 'Ribera de Jabugo' (ponto de partida 37.8962, -6.7071) vai para norte ao longo do rio Jabugo, em direcção a Galaroza. Aves típicas por aqui incluem a felosa-ibérica e a estrelinha-real.

- Alájar – zona impressionante, com escarpas e boas manchas de sobreiro e azinheira. Um trilho começa no extremo sul (37.8726, -6.6627) e segue para sueste até Los Madroñeros. Ao longo deste percurso pode ver cotovia-arbórea e escrevedeira-de-garganta-preta, bem como grandes aves de rapina.

- 'El Talenque' – esta é uma área de recreio com uma mancha interessante de carvalho-negral (37.9301, -6.6761). Diversos trilhos permitem explorar a área. A felosa-poliglota e a escrevedeira-de-garganta-preta já foram registadas aqui.

- Cortegana - vila junto à estrada para Aroche; as aves com mais interesse neste local incluem a ferreirinha-alpina no Inverno e o melro-azul ao longo de todo o ano – procure-as no castelo.

Sobre o autor

Gonçalo Elias nasceu em Lisboa em 1968. Dedica-se à observação e ao estudo das aves desde Dezembro de 1987. Tem uma ampla experiência de campo, aliada a um bom conhecimento do território, tendo já visitado todos os concelhos de Portugal Continental e quase todos os das ilhas, bem como mais de 30 países, distribuídos por quatro continentes, com o intuito de observar aves selvagens. Colaborou em oito atlas ornitológicos em Portugal, Espanha e Tanzânia. É autor ou co-autor de mais de vinte livros sobre as aves portuguesas e sobre os melhores locais para as observar, incluindo: *Guia das Aves de Lisboa*, As *Aves do Estuário do Tejo*, *As Aves do Estuário do Sado*, *A Birdwatchers' Guide to Portugal*, *Aves de Portugal – Ornitologia do território continental* e *Birding hotspots in the Algarve* (uma série de 8 livros), bem como de diversos artigos publicados em revistas da especialidade.

Sócio fundador da SPEA – Sociedade Portuguesa para o Estudo das Aves, a cuja Direcção pertenceu entre 1999 e 2002. Foi coordenador do CPR – Comité Português de Raridades entre 2002 e 2006. Desde 2007 promove a actividade de observação de aves usando as novas tecnologias de informação e comunicação, sendo fundador e administrador do Forum Aves (a maior comunidade online de observadores de aves em Portugal), lançado em Julho de 2007, bem como fundador e coordenador do portal avesdeportugal.info, lançado em Janeiro de 2008. No âmbito deste portal tem organizado, desde 2011, cursos online gratuitos, com o objectivo de promover, junto da comunidade lusófona, o desenvolvimento de competências de identificação das aves selvagens de Portugal.

É licenciado em Engenharia Electrotécnica e de Computadores (IST, 1991) e possui um MBA em Gestão de Empresas (UNL, 1996), sendo igualmente formador profissional certificado pelo IEFP.